어려운 사회교과서는 가라!

어려운 사회 교과서는 가라!

1판 1쇄 인쇄 | 2018. 5. 1.
1판 1쇄 발행 | 2018. 5. 5.

손혜령 글 | 김복화 그림

발행처 도서출판 거인
발행인 박형준
책임편집 안성철
디자인 박윤선
마케팅 이희경 김경진

등록번호 제2002-000121호
주소 서울시 마포구 와우산로 48 로하스타워 803호
전화 02-715-6857, 6859
팩스 02-715-6858

값은 표지에 있습니다.
ISBN 978-89-6379-063-0 73300

이야기 사회교과서 3

어려운 사회 교과서는 가라!

글 손혜령 그림 김복화

차례

꼬물꼬물 지리

대동여지도, 그 정확성에 세계가 놀라다 … 8
우리나라 지도가 토끼 모양이라고? … 10
지구에 줄 긋기 '경도'와 '위도' … 12
기단의 영향으로 계절이 바뀐다고? … 18
세계 기후가 변화무쌍해! … 22
옛날 조상들은 무엇을 입고 먹었을까? … 28

알뜰살뜰 경제

신용카드만 있으면 물건은 공짜? … 34
주식회사를 차려 볼까? … 38
나라끼리 사고파는 '무역' … 42
우리나라는 무역 강국 … 46
가계, 기업, 정부는 경제 활동의 주체 … 48
산업이 점점 다양해진다고? … 50
분업이 빠르네 … 54
광고를 왜 할까? … 58

굽이굽이 역사

칙칙폭폭 철도의 역사 … 64
뱃길은 정복의 역사 … 68
이순신의 기개가 돋보인 한산도대첩 … 72
천 년 역사의 축제 한마당 '강릉단오제' … 76
구성지고 흥겨운 판소리 … 80

두루두루 정치

법은 생활과 매우 가까워 … 86
법, 꼭 지켜야만 해? … 88
세계 최초의 법은 언제 만들어졌을까? … 94
국민에게는 누려야 할 권리가 있어 … 96
국민에게는 지켜야 할 의무가 있어 … 100
민주주의가 뭐야? … 104

흥미진진 사회문화

어우러져 살아갈 다문화 가정 … 108
햄버거를 먹으면 환경이 파괴된다고? … 112
갯벌은 바다의 보물 창고 … 116
우리나라가 물 부족 국가라고? … 120
사람들은 왜 종교를 믿을까? … 124

1. 대동여지도, 그 정확성에 세계가 놀라다

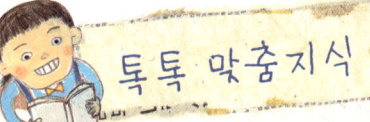
김정호 선생님이 만들었어

김정호 선생님은 지도를 말할 때 빼놓을 수 없는 분입니다.

조선 시대 지리학자인 김정호 선생님은 30년 가까이 전국 곳곳을 직접 발로 누비며 지도 만들기에 힘쓰셨어요. 그 결과 청구도, 대동여지도, 대동지지 등 수많은 지도가 탄생했지요.

지도 이름에 나오는 '대동'은 우리나라를 뜻하는 옛 말이에요.

톡톡 맞춤지식

지도의 비밀을 누구에게도 알리지 마라!

조선 시대에 지도는 일급 비밀이었습니다. 지도에는 마을·산·강의 위치, 서울로 가는 길, 군사 숙소에 관한 정보가 들어 있어서 만약 지도가 적군의 손에라도 넘어간다면 정말 큰일이었지요.

1861년에 만들어진 대동여지도는 요즘 지도와
비교해도 별 차이가 없을 정도로 매우 정확해요.
대동여지도에는 1만 3000여 개의 마을 이름이
적혀 있고, 전국의 산줄기, 물줄기는 물론
숙소와 길까지도 나타나 있어요.
세로 약 7m, 가로 약 3m에 이르는 이 지도는
22개로 쪼개져 있어서 각각 책처럼 접을 수
있어요. 22개를 합치면 전국 지도가 되고,
두세 개를 이으면 도별 지도가 되는 셈이지요.
대동여지도는 자유롭게 떼고 붙일 수 있어
가지고 다니기에도 편리했답니다.

2 우리나라 지도가 토끼 모양이라고?

호랑이를 닮은 우리나라

우리나라 지도가 토끼 모양이라고 하는 사람도 있고, 호랑이를 닮았다는 사람도 있어요. 누구의 말이 맞을까요?

호랑이는 친숙하면서도 용맹스러운 동물로 여겨졌어요. 옛이야기에 자주 등장하는 호랑이는 곰방대를 물고 담배를 피우는 익살스러운 모습인가 하면, '곶감'이라는 말에 꽁무니를 내빼기도 하고, 때로는 나쁜 사람들을 혼내 주기도 하지요.

우리나라 지도를 잘 살펴보세요.

백두산에서 지리산까지 힘차게 뻗은 산줄기가 호랑이의 등줄기를 닮지 않았나요? 호랑이가 '어흥~' 하고 울부짖으며 금방이라도 달려들 것 같지요.

우리는 일본에게 나라를 빼앗겼던 안타까운 역사가 있어요. 당시 일본은 우리나라를 힘이 약한 토끼에 빗대 나약한 민족으로 만들어 일제에 복종하게 하려고 했지요.

또 일본은 우리나라 맨 동쪽에 있는 마을에 쇠말뚝을 박고 그 곳을 '토끼 꼬리'라고 부르기도 했어요. 쇠말뚝을 박아 우리 민족의 기운을 끊어 놓겠다며 한 짓이랍니다.

3 지구에 줄 긋기 '경도'와 '위도'

세계 지도 만드는 방법

내가 살고 있는 곳은 지구 어디쯤일까요?
이러한 궁금증을 가져 본 어린이라면 아마 지구본이나 세계 지도를 찾아보았을 거예요.

톡톡 맞춤지식

지구본은 왜 기울어져 있지?

지구는 자전축이 옆으로 살짝 기울어져 있지요. 약 23.5도 기울어져 있답니다. 그래서 지구본도 지구와 같은 각도로 기울여 놓았답니다.

지구본은 지구를 작게 줄인 모형입니다. 지구의 둥근 모양을 본따 만들었기 때문에 지구 모양과 거의 유사해요. 하지만 둥근 모양 때문에 들고 다니기가 불편하고 세계를 한눈에 보기가 어렵다는 단점이 있어요.

 지구본

세계 지도 완성

이 같은 문제를
해결하기 위해
지구본을 아주
잘게 쪼개고 죽
늘어 놓아서 평면에 가깝게 세계 지도를
만들었어요. 귤껍질을 펼쳐 놓은 것처럼 말이에요.
하지만 실제 지구 모습과는 차이가 있지요.
세계 지도에는 지구의 위쪽과 아래쪽에 있는 북극과
남극이 옆으로 좍좍 늘어나서 실제보다 크게
그려졌어요.

지구본을 위에서 아래로 잘게 잘라 납작하게 폈어요.

지구를 가로로 자른 '위도'

지구본과 세계 지도를 보면 가로선과 세로선이 일정한 간격으로 나 있어요. 바둑판 모양의 이 줄들은 위치를 가리키는 선이랍니다. 실제로는 존재하지 않는 가상의 선이에요.

체육 시간이 되면 선생님의 구령에 맞춰 줄을 서지요. 이렇게 줄을 맞추어 서면, 딴짓을 해도 금방 걸려요. '둘째 줄, 오른쪽에서 세 번째 학생'이라고 콕 짚어 낼 수 있거든요.

마찬가지로 지구에 가로선과 세로선을 그려 두면 내 위치가 세계의 어디쯤인지를 설명하기가 쉬워요.

위도는 지구를 가로로 나눈 선입니다. 내가 지구의 남쪽과 북쪽 어디쯤에 있는지 알려 주지요. 지구의 남쪽 끝을 남극, 북쪽 끝을 북극이라고 부르고, 북극과 남극의 한가운데를 적도라고

> **● 핵심 포인트**
> 위도는 지구를 가로로 나눈 선이에요. 적도에서 출발해 북쪽과 남쪽을 각각 90개로 나누어 북위와 남위를 정해요.

합니다. 적도는 위도의 출발점이에요. 적도에서부터 북극까지를 90개로 나누어 '북쪽 위도(북위)'를 정하고, 적도에서부터 남극까지 90개로 나누어 '남쪽 위도(남위)'를 정해요.

정리하면 적도는 위도 0도, 북극은 북위 90도, 남극은 남위 90도가 되지요.

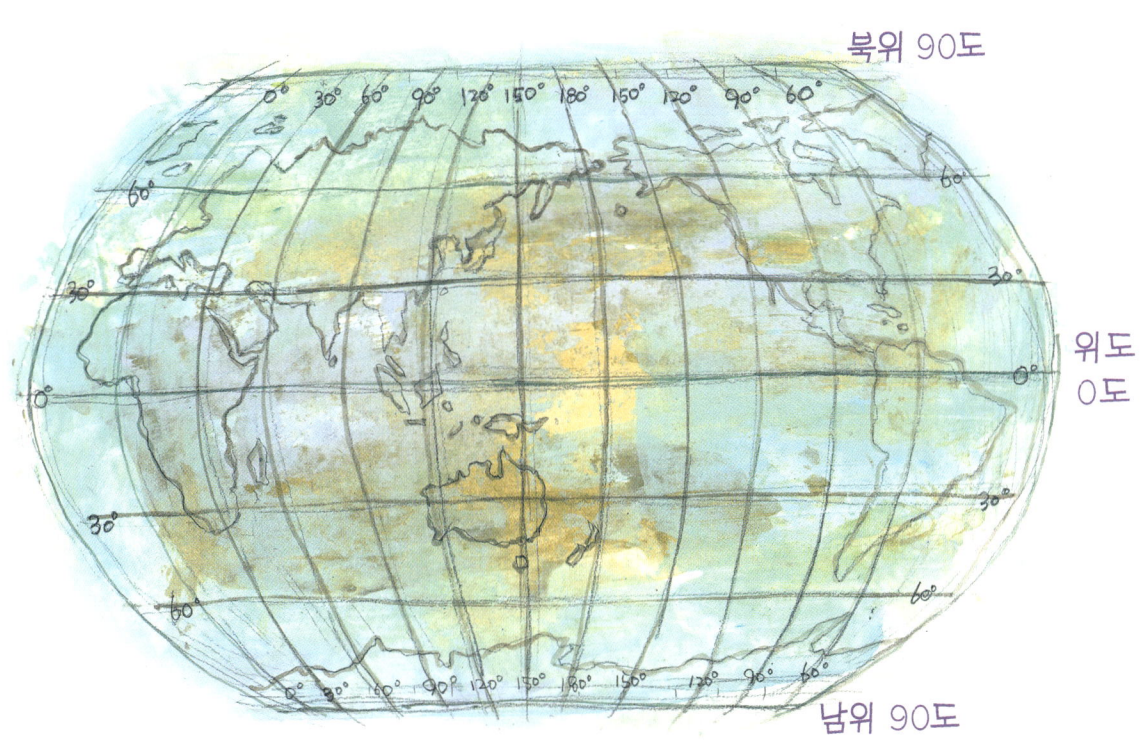

지구를 세로로 자른 '경도'

경도는 지구를 세로로 나눈 선입니다. 내가 지구의 동쪽과 서쪽 어디쯤에 있는지를 알려 주지요.

경도 0도는 영국 런던의 그리니치 천문대를 지나요. 오래 전에 세계 사람들이 이곳을 기준으로 삼자고 약속한 것을 지금까지 지키고 있지요. 그리니치 천문대를 기준으로 동쪽으로 지구 반대편까지를 180개로 나누어 동쪽 경도(동경)를 정하고, 서쪽으로 180개를 나누어 서쪽 경도(서경)를 정했어요.

동경 180도와 서경 180도가 만나는 세로선을 날짜 변경선이라고 하는데, 이 선을 넘어가면 날짜가 바뀌게 됩니다.

위도와 경도를 이용하면 세계 어느 나라에 있더라도 나의 정확한 위치를 알릴 수 있어요.

> ● 핵심 포인트
> 경도는 지구를 세로로 나눈 선으로, 그리니치 천문대를 기준으로 동쪽과 서쪽을 각각 180개로 나누어 경도를 정해요.

세계 지도에 나와 있는 우리나라 서울의 위치는 북위 37도, 동경 127도예요. 적도를 기준으로 37도 위쪽에 있고, 영국 그리니치 천문대에서 동쪽으로 127도만큼 떨어져 있답니다.

그리니치 천문대

4 기단의 영향으로 계절이 바뀐다고?

기단은 거대한 공기 덩어리

기단은 거대한 공기 덩어리입니다. 이 공기 덩어리들이 이동하면서 세계 날씨에 영향을 주지요. 태어난 지역이 곧 기단의 이름인데, 그 성질이 저마다 달라요.

봄에 우리나라를 찾아오는 양쯔 강 기단은 중국 남쪽의 양쯔 강에서 대륙을 건너오기 때문에 따뜻하고, 약간 건조해요.

여름에 찾아오는 북태평양 기단은 저 멀리 남쪽에서 바다를 건너와 무덥고 습해요. 북태평양 기단은 오호츠크 해 기단과 충돌해 많은 양의 비를 뿌리는 장마전선을 형성합니다.

가을에는 일본 북동쪽에서 오호츠크 해 기단이 몰려옵니다. 이 기단 때문에 무더위가 물러가고 선선한 날씨가 이어지지요.

> ● **핵심 포인트**
> 우리나라는 봄에 양쯔 강 기단, 여름에 북태평양 기단, 가을에 오호츠크 해 기단, 겨울에 시베리아 기단이 찾아와요.

마지막으로 시베리아 기단의 등장으로 겨울이 시작됩니다. 성질 급한 이 기단은 드넓고 추운 시베리아에서 건너오기 때문에 춥고 건조하지요.

이렇게 서로 다른 기단이 일 년 동안 힘겨루기를 하면서 우리나라는 뚜렷한 사계절이 생깁니다.

날씨별 최고 도시를 찾아라

우리나라는 남북으로 길쭉해서 남쪽 지방과 북쪽 지방의 기온 차이가 커요. 남쪽 지방은 북태평양 기단, 북쪽 지방은 시베리아 기단의 영향을 받아 남쪽으로 내려갈수록 따뜻해지고, 북쪽으로 올라갈수록 추워져요.

우리나라에서 가장 더운 지역은 대구예요. 대구는 도시 주위가 산으로 둘러싸여 있어서 더운 공기가 한번 들어오면 빠져나가지 못하고 계속 머무르게 돼요.

가장 추운 지역은 중강진으로, 영하 45도까지 떨어졌대요.

우리나라에서 비가 많이 오는 곳은 강릉, 제주도, 남해안 지방이고 비가 적게 오는 곳은 평양, 대구, 개마고원 지역입니다.

> **● 핵심 포인트**
> 우리나라에서 가장 더운 지역은 대구이고, 가장 추운 지역은 중강진이에요. 비가 많이 오는 지역은 강릉, 제주도, 남해안 지방이고, 비가 적게 오는 지역은 평양, 대구, 개마고원입니다.

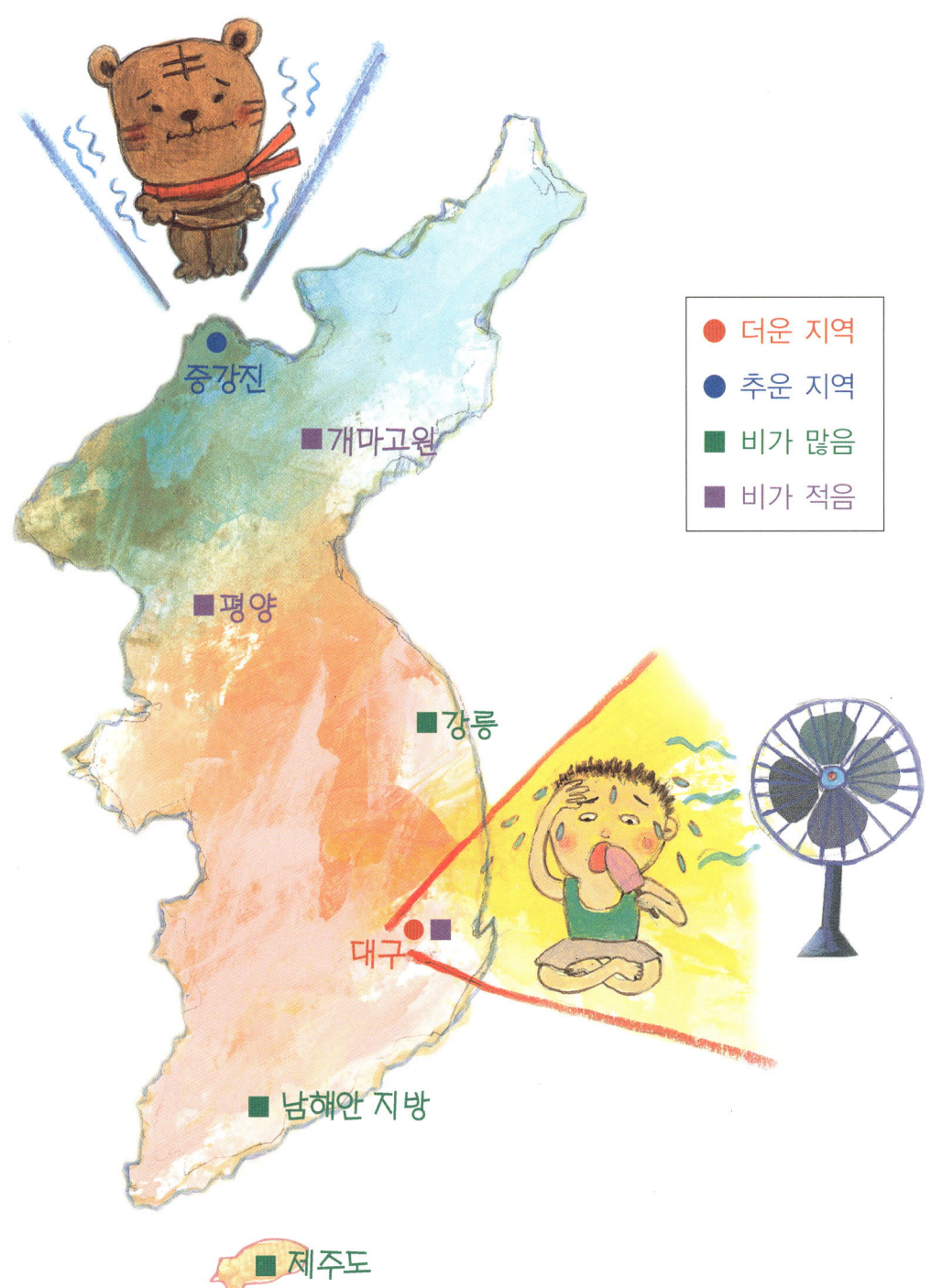

5 세계 기후가 변화무쌍해!

날씨와 기후의 차이는?

소풍이 하루 앞으로 다가오면 내일의 '날씨'가 궁금해집니다. 그리고 제주도는 기후가 온화하다고 합니다.

같은 듯 다른 날씨와 기후, 어떻게 구분해 쓸까요?

날씨는 그날그날의 기상 상태를 말합니다. 이와 다르게 기후는 한 지역에서 여러 해에 걸쳐 계속해서 나타나는 날씨의 특징을 일컫습니다. 1년을 주기로 나타나는 기온, 비의 양, 눈의 양, 습도, 일사량(태양의 복사 에너지가 땅에 닿는 양으로 위도에 따라 달라요.)의 평균을 낸 것이지요.

기후를 구성하는 삼총사로 알려진 것이 기온, 강수량, 바람입니다. 기온은 공기의 온도예요. 보통 온도를 측정하는 백엽상이라고 하는 하얀 나무 상자를 이용해 기온을 재지요.

백엽상

강수량은 물의 양입니다.
비를 포함한 눈, 이슬, 서리, 안개 등을
모두 합친 양이에요.
바람은 공기의 움직임입니다.
따뜻한 공기는 위로 올라가고, 찬 공기는
아래로 내려오는 성질이 있는데, 공기가
계속 자리바꿈을 하면서 바람이
불게 됩니다.

강수량 측정기

풍향 측정기

우리나라는 살기 좋은 온대 기후야

우리나라는 적도와 북극의 중간쯤에 위치하고 있어서 태양열을 적당히 받아 너무 덥지도, 너무 춥지도 않고 살기에 딱 좋아요. 강수량도 적당해서 나무가 잘 자라고 농사짓기 좋아요. 이와 같은 기후를 온대 기후라고 합니다.

우리나라의 평균 기온은 섭씨 10~16도예요. 여름에는 적도에서 오는 더운 공기의 영향을 받고 겨울에는 북극에서 오는 차가운 공기의 영향을 받아서 여름과 겨울의 기온차가 매우 커요. 가장 더운 달인 8월의 평균 기온이 섭씨 23~27도, 가장 추운 1월이 섭씨 영하 6~7도랍니다.

지역마다 조금 차이가 있지만 우리나라 한 해 평균 강수량은 1300㎜예요. 한강, 섬진강, 남해안 지역은 비가 많이 내려 여름철이면 늘 홍수주의보가 내려요. 7, 8월에는 전체 강수량의 절반이 넘을 정도로 비가 많이 내려요.

> ● **핵심 포인트**
> 온대 기후에 속하는 우리나라의 평균 기온은 섭씨 10~16도, 평균 강수량은 1300㎜예요.

바다와 가까울수록 기온이 높아서 해안가 지역은 산간 지역보다 포근해요. 또 동해안이 서해안보다 여름에 더 시원하고 겨울에 따뜻해요. 태백산맥이 찬 공기를 막아 주기 때문이에요.

세계 기후의 특색을 알아보자

일본이나 중국의 일부 지역과 미국의 동부·북부 지역, 우루과이는 우리나라처럼 온대 기후예요.

사우디아라비아, 이란, 이라크 등의 나라는 건조 기후예요.

건조 기후는 비가 매우 적게 와서 일 년 강수량이 500㎜도 채 안돼요. 특히 강수량이 250㎜를 넘지 않는 사막은 물이 턱없이 부족해 식물이 거의 살지 못해요.

건조 기후

열대 기후는 기온이 섭씨 20도가 넘고 비가 많이 내려요. 적도 근처에 있는 인도네시아, 인도, 콩고, 남아메리카의 아마존 강 유역 등이 여기에 속하지요. 이 지역은 밀림이 우거지고 아직 개발이 되지 않은 곳이 많아요.

열대 기후

한대 기후

북극과 남극에 속하는 한대 기후는 한여름에도 평균 섭씨 10도를 넘지 않는 추운 곳으로 눈이 많이 내리는 지역입니다. 한대 기후 지역은 툰드라 기후 지역과 영구 빙설 기후 지역으로 나누어집니다. 영구 빙설 기후 지역은 일 년 내내 눈과 얼음으로 뒤덮여 있어 식물과 사람이 거의 살지 않아요.

냉대 기후는 겨울이 길고 추우며, 1년 동안 측정한 기온과 습도의 최댓값과 최솟값의 차이가 큽니다. 이 지역은 잎이 뾰족한 침엽수림이 드넓게 펼쳐져 있어요. 시베리아, 러시아 일부 지역, 동부 유럽 등이 냉대 기후에 속한답니다.

> ● 핵심 포인트
> 세계 기후에는 우리나라와 같은 온대 기후, 사막의 건조 기후, 비가 많은 열대 기후, 눈이 많은 한대 기후, 침엽수림이 있는 냉대 기후가 있어요.

6 옛날 조상들은 무엇을 입고 먹었을까?

여름에는 모시와 삼베가 딱이야

우리 조상들은 계절에 따라 어떻게 살아왔을까요?

여름에는 모시나 삼베로 옷을 해 입었습니다. 삼베는 어디서나 잘 자라는 삼이라고 하는 식물 껍질로 만들어요. 촉감이 까슬까슬해서 여름옷으로 더없이 좋아요. 모시풀로 만드는 모시는 삼베보다 올이 가늘고 섬세해요. 습기를 잘 빨아들여서 바람이 잘 통하고 몸에 달라붙지 않지요. 하지만 모시는 기르기가 까다롭고 매우 귀해 주로 돈 많은 양반들만 사용했지요.

겨울에는 비단이나 명주, 무명으로 옷을 만들어 입었어요. 고려 시대 문익점이 중국에서 몰래 들여온 목화는 겨울철 솜옷을 만드는데 사용했어요.

> ● **핵심 포인트**
> 선조들은 더운 여름엔 모시나 삼베 옷을 입고, 추운 겨울엔 비단이나 명주, 무명으로 두툼하게 옷을 해 입었어요.

비단이나 명주는 누에고치에서
뽑은 실로 만든 천이에요.
빛깔이 화려하고 촉감이 매우 부드럽지만
값이 비싸 일부 귀족만 입었어요.
무명은 목화라는 식물의 열매에서 실을 뽑아 만든 천이에요.
손질하기가 쉬워서 사람들이 사계절 내내 이용했어요. 여름에
는 한 겹으로, 봄과 가을에는 두 겹으로, 겨울에는 두 겹 사이
에 솜을 넣어 입고, 이불이나 곡식 자루로도 두루 썼어요.

제철 음식이 곧 밥이었어

인스턴트 식품이 없던 옛날에는 자연이 곧 밥상이었어요. 새싹이 돋는 봄이 되면 산은 냉이, 달래, 돌나물 등으로 파릇파릇하게 변합니다. 선조들은 이 산나물을 캐서 고추장이나 된장에 조물조물 무쳐 먹었어요.

음력 3월 3일인 삼짇날엔 진달래꽃을 따서 화전을 만들었어요. 화전은 찹쌀 반죽에 붉은 빛 진달래를 얹어 기름에 부쳐서 만들어요.

더위가 시작되는 6월부터는 여름에 땀을 많이 흘려 쇠약해진 몸을 음식으로 보충했어요. 더위를 초복, 중복, 말복으로 나누어 개장국을 먹거나 삼계탕을 먹

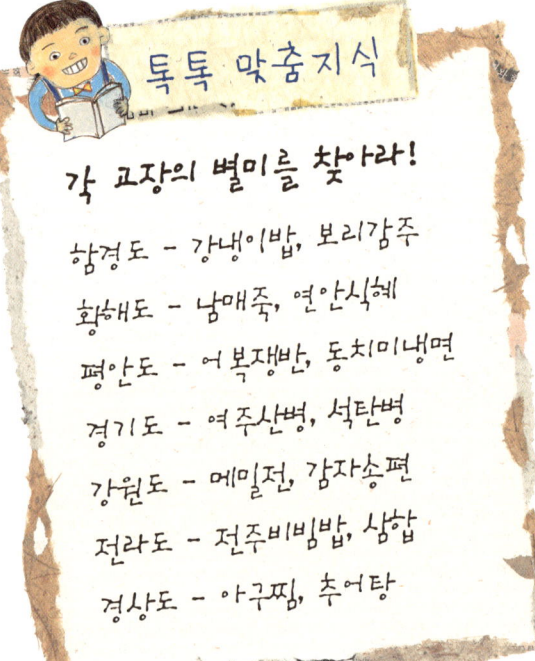

톡톡 맞춤지식

각 고장의 별미를 찾아라!

함경도 - 강냉이밥, 보리감주
황해도 - 남매죽, 연안식혜
평안도 - 어복쟁반, 동치미냉면
경기도 - 여주산병, 석탄병
강원도 - 메밀전, 감자송편
전라도 - 전주비빔밥, 삼합
경상도 - 아구찜, 추어탕

동치미

었지요. 수박이나 경단을 화채로 만들어 여름에 시원하게 먹기도 했어요.

먹을 것이 가장 풍성한 가을엔 추석을 맞아 여러 햇과일로 제사를 지내고 송편을 만들었어요. 감자와 비슷한 맛이 나는 토란으로 국도 끓여 먹었지요.

채소가 귀한 겨울철엔 지난 가을에 수확한 무를 통째로 담가 푹 삭혀서 시원한 동치미를 만들었지요. 비타민 C가 풍부한 동치미로 겨우내 부족하기 쉬운 비타민을 보충했어요.

삼계탕

송편

화전

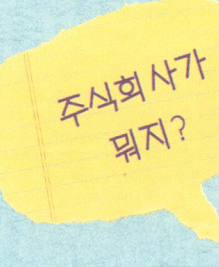

7 신용카드만 있으면 물건은 공짜?

신용은 매우 중요해

심심함을 달래려고 '늑대가 나타났어요' 하고 거짓말을 일삼던 양치기 소년은 결국 진짜 늑대가 나타났을 때 동네 사람 누구도 그의 말을 믿지 않아 늑대에게 잡아먹히고 맙니다. 비록 동화지만 마을 사람들의 신용을 잃은 양치기 소년의 마지막은 정말 비참했어요.

신용은 약속을 지키는 일입니다. 현대사회에서 신용의 중요성은 더 커졌어요. 갑자기 어떤 일이 일어날지 알 수 없는 현대사회에서는 누군가를 돕거나 도움 받을 일이 뜻하지 않게 생기는 경우가 많지요. 갑자기 수술비가 필요하거나 필요한 물건을 사야 하는데 가진 돈이 없을 때처럼 말이에요.

하지만 은행은 아무에게나
돈을 빌려 주지는 않아요. 돈을 빌려 줘도
좋을 만한 사람인지를 심사하고 결정하지요.
은행이 돈을 빌려 주는데 중요하게 생각하는 것이
신용이에요. 은행은 돈을 빌리는 사람이 갚을 것이라는
믿음이 생겨야 돈을 빌려 주지요. 자칫 돈을 빌려
주었다가 갚지 않아 손해를 입을 수
있기 때문입니다.

늑대가 나타났어요

신용 카드는 빚이야

사람들이 돈을 편리하게 쓰기 위해 생겨난 것이 신용 카드입니다. 돈이 없어도 이 플라스틱 카드만 있으면 옷도 사고, 마트에서 장을 보고, 버스나 전철을 탈 수 있으니 아주 편리해요.

신용 카드는 당장 돈을 내지 않아도 되니까 공짜처럼 여겨지지만 절대 공짜가 아니에요. 일종의 빚이랍니다. 외상으로 물건이나 돈을 빌리는 거니까요.

신용 카드를 쓰면 카드사에서 정한 날짜가 되면 쓴 돈을 갚아야 해요. 만약 정해진 날짜를 어기면 이자가 붙어서 빚이 점점 늘어나게 됩니다. 또한 신용이 깨지고 자칫 신용 불량자가 될 수 있어요.

신용 불량자가 되면 불편한 점이 많아요. 은행 연합회에 이름

> **핵심 포인트**
> 신용 카드는 외상으로 물건을 사는 것으로 일정한 날짜에 돈을 갚지 않으면 신용 불량자가 되어 불이익을 받을 수 있어요.

신용 불량자

이 등록돼 은행이나 금융 기관에 정보가 공개됩니다. 급한 일이 생겨도 돈을 빌릴 곳도 없어지고 일자리도 얻기 힘들어요. 나라에서는 출입국 허가 증명서인 비자를 내주지 않기 때문에 외국 여행도 어려워요. 이처럼 한번 신용을 잃으면 다시 회복하기 어렵답니다.

8 주식회사를 차려 볼까?

빠르게 돈을 많이 모으는 방법 없을까?

돈을 빨리 모으는 방법 중 하나가 주식을 발행하는 거예요. 그렇다면 주식이란 무엇일까요?

회사를 세우고 싶은데 그만한 돈이 없을 때 주식회사를 만듭니다. 주식회사란 주식을 발행한 돈으로 설립한 회사입니다. 주식회사의 자본을 구성하는 단위인 주식을 증권 시장에 내놓으면 여러 사람들이 주식을 삽니다.

주식을 산 사람들이 바로 회사의 주인입니다. 그러므로 주식회사의 주인은 여럿이에요. 어라, 회사의 사장이 주인 아닌가요? 사장은 회사 전체를 운영하는 대표자일 뿐이에요.

회사를 잘 운영해서 이익이 생기면 회사의 주인인 주주는 이익금을 나누어 받습니다. 이것을 배당금이라고 해요. 배당금은 회사 이익을 많이 낼수록, 주주가 돈을 많이 투자할수록 더 많이 받을 수 있어요.

주식 값이 오르락내리락

"주식 값이 떨어져서 원금도 못 건지게 생겼네."

이 말에는 주식의 원칙이 들어 있습니다.

은행 이자는 정해져 있지만, 주식은 하루가 멀다 하고 그 값이 오르락내리락해요.

주식을 사고파는 것은 시장의 원리와 같아요. 물건이 좋을수록 값이 비싸듯이 회사의 경영 상태가 좋을수록 주식 값도 올라요. 투자한 회사가 잘 되면 주주들의 배당금이 커지고 주식 값도 오르지만, 회사를 잘 운영하지 못하면 배당금도 적어지고 주식 값도 떨어지지요.

지난해에 1000원에 산 주식이 한 달 만에 2000원으로 올라 원금의 두 배를 벌어들일 수도 있어요.

> **핵심 포인트**
> 주식 투자를 잘 하면 빠른 시간에 돈을 불릴 수 있지만, 자칫 원금까지 잃을 위험이 있으므로 신중하게 결정해야 해요.

반대로 1000원에 산 주식이 한 달 만에 0원이 되어 원금을 몽땅 잃을 수도 있지요. 그만큼 주식에는 커다란 위험이 따르니까 신중하게 투자를 결정해야 합니다.
주식 시장을 보면 회사뿐 아니라 한 나라의 경제도 알 수 있어요. 주식 거래가 활발하면 그 나라 경제가 발전한다는 뜻이고 반대라면 그 나라 경제도 불안하다는 뜻이지요.

9 나라끼리 사고파는 '무역'

세계는 거대한 시장이야

식료품의 포장지에 적힌 원산지를 확인해 본 적 있나요? 칠레산 키위, 미국산 콩 등 세계 여러 나라에서 물건이 와요. 세계는 거대한 시장이라고 할 수 있습니다. 나라끼리 자원이나 기술을 사고팔지요. 그 중 국내의 물건이나 기술을 다른 나라에 파는 일을 '수출'이라고 하고, 다른 나라의 것을 국내로 사들이는 일을 '수입'이라고 합니다. 수출과 수입을 통틀어 '무역'이라고 하지요.

우리나라는 석유와 천연가스, 철이 부족하지만 컴퓨터 기술과 배를 만드는 조선업, 자동차 기술이 매우 뛰어나요. 그래서 석유가 많이 나기로 유명한 사우디아라비아와 무역을 해 석유를 수입하고, 배나 자동차를 수출한답니다.

시장에 가면 중국산 옷이나 신발 등을 자주 볼 수 있죠. 우리나라에서 충분히 만들 수 있는 물건이라도 외국 것이 더 싼 경우에는 수입을 합니다.
오늘날엔 그 범위도 점점 다양해져서 금융, 게임, 방송까지도 사고판답니다. TV에서 피카추 만화나 디즈니 만화를 볼 수 있는 것도 무역의 결과예요.

수입이 많으면 나쁜 걸까?

수출은 다른 나라에서 돈을 벌어 오는 일이고, 수입은 다른 나라에 돈을 주는 일이에요. 그렇다면 수입을 하지 않는 편이 나라 경제에 도움이 되지 않을까요?

무역은 양쪽 나라 모두 이익을 얻어야 이뤄지는데 한쪽에서 수출만 하려고 하면 나라끼리 다툼이 생기고 더 이상 무역이 이루어지지 않을 거예요. 결국 양쪽 모두 손해가 되는 셈이지요. 또한 우리 생활에도 영향을 끼칩니다.

이제부터 우리나라가 자동차만 팔고 석유 수입을 금지한다면 어떻게 될까요?

석유 한 방울 나지 않는 우리나라에선 석유와 관련된 산업을 할 수 없어요. 석유를 원료로 기계를 돌리는 자동차 공장이 문

● **핵심 포인트**
수입을 안 하면 무역의 균형이 깨져서 다른 나라와의 관계가 나빠지고, 수출에도 영향을 끼쳐 경제가 어려워져요.

을 달고, 자동차도 달리지 못해 교통이 불편해지겠죠. 결국 경제가 잘 돌아가지 못해 나라 살림도 어려워질 거예요.

천연 자원이 부족해 외국에서 수입을 해야 하는 우리나라로서는 천연 자원을 수입하지 못하면 자동차나 배에 쓰이는 금속 등을 얻을 수 없어서 수출도 힘들어져요.

10 우리나라는 무역 강국

짧은 시간에 눈부시게 성장했어

우리나라의 영문 이름인 'KOREA(코리아)'에는 무역의 역사가 담겨 있습니다. 고려 시대 지금의 개경인 벽란도에서는 아라비아 상인들에게 주로 인삼과 종이를 수출하고 비단과 향료 등을 수입했어요. 우리나라는 이 시기부터 이름이 세계에 알려져 'KOREA'라고 불렸다고 해요.

우리나라는 오늘날 세계 10위 안에 드는 무역 강국이지만, 60여 년 전만해도 세계에서 가장 가난한 나라 중 하나였답니다.

1950년 6·25 전쟁으로 모든 산업 시설이 파괴되었고, 길에는 집이 없어 떠돌고 굶주리는 사람들로 넘쳐 났어요.

1970년대 들어서면서부터 우리나라의 산업은 눈부시게 발전했지요. 이때에는 미국, 독일, 중동으로 나가서 노동력을 팔아 돈을 버는 사람들이 많았어요.

현재 우리나라는 외국에서 수입한 자원으로 상품을 만들어 다시 수출을 하는 산업에 힘을 쏟고 있어요. 또한 휴대전화, 배, 자동차, 반도체 기술은 세계 최고예요. 짧은 시간에 놀라운 성장을 거듭한 우리나라, 정말 자랑스럽지 않나요?

11 가계, 기업, 정부는 경제 활동의 주체

가계, 기업, 정부는 무슨 일을 할까?

경제 활동은 생산, 소비, 분배의 과정입니다. 사과를 재배하거나 공장에서 장난감을 만드는 것처럼 무언가를 만드는 것을 '생산'이라고 한다면, 돈을 쓰거나 서비스를 이용하는 것을 '소비'라고 합니다. '분배'는 이익을 나눈다는 뜻이에요.

그렇다면 경제를 이끌어 가는 것은 누구일까요? 바로 가계와 기업, 정부입니다.

가계에서는 주로 일을 해서 번 돈으로 생활에 필요한 물건을 사는 소비 활동을 합니다.

기업에선 생산 활동을 하지요. 자본과 노동력을 이용해 과자와 같은 상품을 만들고, 인터넷과 같은 서비스를 생산합니다. 이

> **핵심 포인트**
> 경제를 이끌어 가는 주체는 소비 활동을 하는 가계, 생산 활동을 하는 기업, 그리고 가계와 기업을 관리하는 정부가 있어요.

렇게 만든 상품, 서비스를 가계와 정부에 팔아 돈을 벌지요.
정부에서는 경제를 안정시키기 위해 가계와 기업의 경제 활동을 돕습니다. 세금으로 공공시설을 짓고 법도 만들어요.
가계, 기업, 정부가 밀어주고 끌어주면서 경제는 돌고 돌아요.

12 산업이 점점 다양해진다고?

산업의 종류를 헤아려 봐

"정부에서는 앞으로 컴퓨터와 같은 미래 첨단 산업을 발전시킬 계획입니다."

뉴스에서 자주 나오는 산업이란 무엇일까요?

산업은 그 종류가 다양해요.

사람이 풍요롭게 살아가는 데 필요한 것을 만드는 일이 산업입니다. 농사를 짓고, 컴퓨터를 만들고, 의사가 진료하는 일은 모두 산업이에요.

경제가 발전하고 사람들의 소득이 높아지면서 자연을 이용한 산업보다 자연에서 얻은 원료를 가공하는 산업이나 서비스가 점점 늘어나고 있답니다.

산업의 종류

		하는 일	비고
농업		벼농사와 과일과 채소를 재배해요. 원예를 해요.	자연에서 얻어요.
축산업		고기, 우유, 계란, 털을 얻기 위해 가축을 길러요.	
수산업		물고기, 조개, 김 등 물에 사는 생물을 잡거나 양식해요. 소금을 얻어요.	
임업		벌목해요. 나물과 버섯을 캐요.	
광업		금, 구리, 철과 같은 지하자원을 캐요.	
공업		기계를 만들어요. 도로를 건설해요. 컴퓨터나 장난감을 만들어요.	자연에서 얻은 것을 가공해서 만들어요.

뜨는 산업, 보이지 않는 산업

산업은 크게 1·2·3차 산업으로 구분해요.

그럼 룰루가 다니는 '똑똑한 학교'의 깐깐 선생님은 몇 차 산업에서 일하시는 걸까요?

1차 산업은 농업, 축산업, 수산업, 임업과 같이 자연을 이용해 필요한 것을 얻는 산업입니다.

공업, 건설업, 배, 자동차를 만드는 중화학공업은 2차 산업입니다. 1차 산업에서 얻은 생산물을 가공한 산업이지요. 그밖에 반도체 기술이나 로봇을 만드는 첨단 산업도 여기에 포함돼요.

1차·2차 산업에서 생산된 물건을 팔거나 서비스하는 산업이 3차 산업입니다. 눈에 보이지는 않지만 사람들이 편리하게 생

> ● 핵심 포인트
> 1차 산업 - 농업, 축산업, 수산업, 임업
> 2차 산업 - 공업, 건설업, 중화학공업, 첨단 산업
> 3차 산업 - 운수업, 요식업, 서비스업(금융·보험·교육), 숙박업

활하도록 도움을 주는 산업이에요. 택배나 음식 판매, 김연아 선수의 피겨스케이팅도 서비스 산업이에요. 깐깐 선생님이 아이들을 가르치는 일도 서비스 산업에 속하지요.

서비스 산업의 효과는 굉장해요. 멋진 피겨 실력으로 세계 대회를 휩쓴 김연아 선수의 가치는 공장 몇 십 개를 만들어 돈을 버는 수준과 맞먹는다고 해요.

13 분업이 빠르네

나누어 이해

텔레비전에서 〈생활의 달인〉이라는 프로그램을 본 적 있나요? 생수통 12개를 한 손으로 거뜬히 나르는가 하면 손이 안보일 정도로 야채를 써는 달인도 있어요. 대개 한 분야에서 수십 년 간 일하면서 열정과 땀으로 그 분야의 최고가 된 숨은 실력자들의 이야기지요.

우리 사회에 달인들이 늘어난 건 분업의 영향이 커요. 분업이란 일을 나누어 하는 것입니다. 어느 한 분야의 일을 오랜 기간 반복하면서 전문가가 되는 경우지요.

분업은 이점이 많습니다. 우선 분업을 하면 한 가지 일을 계속하면서 생산성이 높아져요.

● **핵심 포인트**
일을 나누어 하는 분업을 하면 생산성이 높아지고, 일에 능숙해져 품질도 좋아져요.

분업해서 일을 하는 쪽이 그렇지 않은 쪽보다 품질도 더 뛰어납니다. 딱 한 가지만 반복해서 일하니까 숙련이 되기 때문이지요. 혼자 일할 때보다 속도가 훨씬 빨라지고 각자 전문 분야를 맡아 일하니까 효과적으로 일할 수 있답니다.

분업의 결과 직업이 점점 다양해져

옛날에는 집을 지으려면 사람들이 한꺼번에 움직였지만 지금은 달라요. 지금은 집을 지을 때 설계자, 자재를 나르는 사람, 크레인 기사, 관리자, 인테리어 전문가로 분업이 이뤄지지요.
과학 기술이 발달할수록 직업도 점점 분업화하고 다양해지고 있어요. 휴대전화만 하더라도 이제 통화는 기본이고 인터넷도 되고 동영상도 찍을 수 있는 기능이 있어야 많이 팔려요. 생산 과정도 그만큼 복잡해지고, 많은 전문 기술자가 필요하지요.
분업으로 일의 효율성이 높아졌지만 뜻하지 않은 문제점도 생겼어요. 하루 종일 한 가지 일만을 반복하다 보니 직업병이 생겼고, 일에 금방 싫증을 느끼고 회사를 옮기는 일이 잦아졌어요. 부분적인 일을 하다 보니 전체 흐름은 모르는 일도 많아요.

● **핵심 포인트**
분업을 하면 일의 효율성이 높아지지만, 직업병 등의 문제점이 생기기도 해요.

그래서 분업과 아울러 협동심이 날로 중요해지고 있답니다. 서로 도와 가며 일하지 않으면 상품 하나를 제대로 만들어 낼 수가 없거든요. 자기 분야에서 아무리 뛰어난 기술을 가지고 있다고 해도 어느 한쪽에서 실수를 하면 불량품이 생산되니까요.

14 광고를 왜 할까?

광고는 소비를 부추겨

우리는 광고 홍수라는 말이 지나치지 않을 정도로 광고에 둘러싸여 살고 있지요.

광고는 어떤 상품이나 서비스를 사람들에게 알리는 것입니다. 왜 기업에선 막대한 돈을 써가면서 광고를 할까요?

사람들의 소득은 정해져 있어요. 한정된 소득으로 물건을 사려면 제품이 싼지, 질이 좋은지, 디자인이 예쁜지 등 여러 가지 요인을 따지게 됩니다.

이때 소비 결정에 커다란 영향을 미치는 요소가 광고입니다. 사람들에게 물

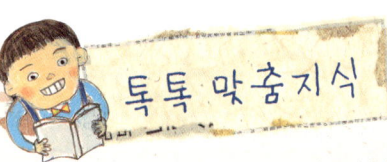

톡톡 맞춤지식

광고 베스트 상품을 찾아라!

TV를 보면 주방용 세제나 목욕 용품, 우유, 휴대전화, 가전제품의 광고가 유난히 자주 등장합니다. 그 이유는 이런 것들은 생활에 없어서는 안될 필수품이기 때문이에요.

건을 사고 싶은 마음을 부추기는 것이지요. 기업의 입장에선 상품을 더 많이 팔기 위해서 광고에 막대한 돈을 투자할 수밖에 없습니다. 광고를 하기 전에 소비자의 성향을 연구하고 조사하는 일은 필수예요. 소비자가 좋아하는 연예인을 모델로 써서 상품을 선전하면 그 유혹을 뿌리치기란 참 어려워요.

광고 잘 이용하면 정보, 잘못 이용하면 낭비

기업에서는 여러 매체를 이용해 상품을 광고합니다. 텔레비전이나 신문, 인터넷과 같은 방송이나 언론이 광고 매체예요. 예쁜 모델들이 춤을 추면서 고객을 모으는 일, 백화점 세일을 알리는 전단지, 가게 앞 간판도 광고예요. 지하철이나 버스는 달리는 광고판이라고 할 수 있죠.

광고를 잘 이용하면 좋은 정보를 얻을 수 있습니다. 제품에 어떤 기능이 있는지, 물건을 얼마나 싸게 파는지, 어떤 영화를 상영하는지를 알 수 있죠. 이러한 정보는 우리가 물건을 살 때 물건의 특징을 비교하고, 사는 걸 결정하도록 도와줘요.

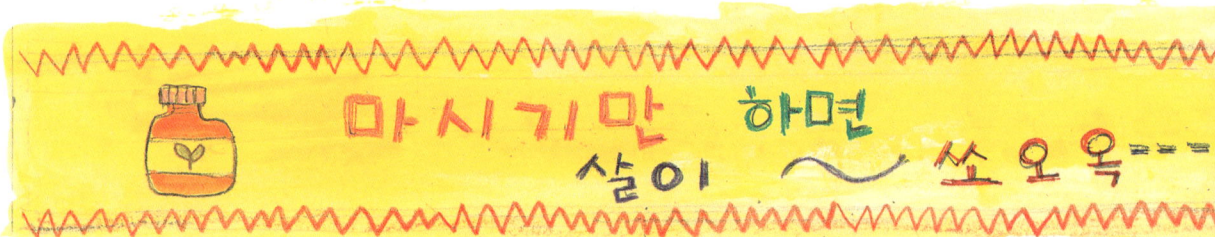

단, 과장 광고나 허위 광고에 속지 않도록 조심해야 해요. 번지르르한 말로 상품의 장점을 지나치게 부풀려 광고하거나 '원조', '최고' 같은 말을 지나치게 쓰는 상품은 주의하세요. 상품에 대단한 효능이 있는 것처럼 속이거나 겉모양만 화려하고 내용은 별 볼일 없는 상품일 가능성이 높거든요.

광고의 내용을 무조건 믿지 말고 그 내용이 진짜인지 거짓인지 잘 따져보도록 해요.

굽이굽이 역사

15 칙칙폭폭 철도의 역사

증기 끓는 힘으로 바퀴를 움직여

기차는 사람을 싣는 객차나 짐을 싣는 화차 여러 대를 연결한 탈것이에요.

최초의 기차는 석탄을 때서 나오는 증기의 힘으로 달렸답니다. 주전자의 물이 끓으면 김이 나면서 그 힘으로 뚜껑이 들썩이는 원리를 이용한 것이지요. 때문에 역에 설 때마다 기관사는 연료인 물을 탱크에 가득 채워야 했어요.

증기로 움직이는 기차는 폭발할 위험이 커서 처음에는 주로 탄광촌에서 석탄을 퍼올리는 데 사용했어요.

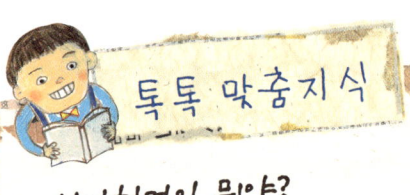

톡톡 맞춤지식

산업혁명이 뭐야?

1800년대 후반 사람의 손을 대신할 기계가 발명되고, 기술이 발달하면서 사회·경제적으로 일어난 큰 변화를 말합니다. 영국에서 시작되어 유럽, 아시아로 점차 뻗어 나갔지요.

증기기관은 1712년 토마스 뉴커먼이 발명했지만,
이를 개량해 안전하게 만든 건 제임스 와트입니다.
1800년대 초 영국의 조지 스티븐슨은 지금과 같이
사람이 탈 수 있는 증기 기관차를 만들었어요.
시커먼 연기를 내뿜으며 달리는 기관차의 등장으로,
당시 주요 교통수단이었던 말이 끄는 마차가 사라지고
산업혁명이 시작되면서 영국은 세계 강국으로
발돋움하게 되었어요.

기차는 도시와 도시를 연결해

기차가 발명되고 수많은 사람들이 기차를 이용하면서 자연스럽게 정거장 주변으로 대도시가 형성되었어요.

20세기 초, 독일의 기계 기술자인 디젤이 발명한 디젤 기관차는 석유를 연료로 움직이는데, 원통 모양의 피스톤이 공기를 압축했다가 폭발하면서 생기는 힘으로 바퀴가 돌아요.

디젤 기관차는 기관사가 시간마다 석탄을 때지 않아서 편리할 뿐만 아니라 운전이 간편하고 속도가 빨라요. 연료도 적게 들지요.

디젤 기관차는 점차 석유 걱정이 없는 전기 기관차로 바뀌고 있어요.

전기 기관차는 20세기 초에 독일의 지멘스 회사에

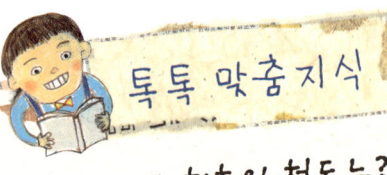

톡톡 맞춤지식

우리나라 최초의 철도는?

1899년에 개통된 경인선입니다. 인천의 제물포에서 노량진까지의 거리를 달렸죠. 덕분에 뱃길로 9시간 걸리던 거리가 1시간 30분으로 줄었어요.

서 만들었는데, 전기를 연료로 하니 공기 오염도 적고 소음도 없는데다 속도도 더욱 빨라졌지요.

우리나라는 1972년에 처음으로 전기 기관차를 도입했어요. 한 시간에 300킬로미터를 달리는 고속철도 KTX도 전기 기관차예요. 시민들이 많이 이용하는 지하철도 전기로 움직이는 기차의 일종이랍니다.

이처럼 기차는 자동차나 비행기보다 사람과 물건을 많이 싣고 달릴 수 있고, 공기 오염도 적어 편리한 교통수단으로 사랑받고 있어요. 지금도 기차는 도시와 도시를 연결하며 힘차게 달리고 있어요.

16 뱃길은 정복의 역사

떳목에서 잠수함까지

지금과 같이 아스팔트로 곧게 뻗은 도로가 없던 옛날에는 뱃길이 매우 유용한 교통수단이었습니다. 땅은 구불구불하고 산과 같은 장애물이 가로막으면 힘들게 넘어야 하지만 주변의 강과 바다를 이용하면 손쉽게 건널 수 있었거든요.

뗏목은 가장 간단한 탈것이에요. 통나무를 엮어서 물에 띄우면 되었으니까요. 거친 파도에도 뒤집히지 않고 먼 바다까지 항해하기 위해서 통나무 속을 파내어 만든 통나무배를 이용했어요. 동물의 가죽이나 갈대를 이용해 배를 만들기도 했어요.

뗏목과 통나무배는 사람이 직접 노를 저어야 움직였기 때문에 여간 힘든 일이 아니었습니다. 이러한

문제점을 해결한 배가
바람의 힘으로 움직이는 돛단배예요.
뗏목이나 통나무배보다 커서 더 많은 물건과
사람을 실을 수 있는 데다 돛을 두 개 내지
세 개를 달아 바람의 세기와 방향도
조절했답니다.
요즘의 여객선이나 화물선,
잠수함에는 자동차와 같은 엔진이
달려 있어서 힘을 들이지 않고도
빠르고 정확하게 움직여요.

배를 타고 신세계를 정복하다

1271년 이탈리아의 탐험가 마르코 폴로는 상인인 아버지를 따라 중국 여행을 떠납니다.

신기한 동양의 문화를 접한 그는 중국 각지를 여행하고 17년 동안 중국에 살면서 관직에까지 오르지요.

고향에 돌아온 뒤에 마르코 폴로는 『동방견문록』을 책으로 내 그때까지 알려지지 않았던 아시아와 중국에 대해 유럽 사람들에게 알려 주었죠. 이를 계기로 유럽 사람들은 새로운 세계를 찾아 배를 타고 항해를 떠나기 시작합니다.

1492년 지구가 둥글다고 믿으며 지도를 연구하던 콜럼버스는 황금의 땅으로 알려진 인도를 찾아 항해하다가 신대륙(아메리카 대륙)을 발견합니다.

1519년 에스파냐의 마젤란은 265명을 태운 다섯 척의 함대를 이끌고 최초의 세계 일주 항해를 떠납니다.

마젤란 이후 세계 여러 나라들은 함대를 꾸려 바다로 나아가기 시작했습니다. 뱃길인 항로를 개척하고 신대륙을 찾아 땅을 정복하고 앞다퉈 식민지를 만들기 시작했지요. 항해가 곧 정복의 역사가 되는 순간이었죠.

17 이순신의 기개가 돋보인 한산도대첩

학, 날개를 펼쳐라

"그깟 이순신 하나 못 당하다니……. 모든 군사를 동원해서라도 이순신을 쳐 부셔라."

잇따른 패배에 화가 난 일본의 수장 도요토미 히데요시가 고함을 질렀어요.

1592년 70여 척의 군함을 이끌고 왜군이 경남 거제 쪽으로 쳐들어왔어요. 이를 지켜보던 이순신 장군은 이 지역이 배가 드나들기 힘들 정도로 폭이 좁고 암초가 많은 것을 눈치 채고는 넓은 한산도 앞바다로 적을 유인하기로 마음먹습니다.

조선 수군은 왜군에 맞서 싸우다가 거짓으로 도망치기 시작했고, 신이 난 왜군 함대는 그 뒤를 쫓기 시작합니다. 드디어 왜군이 한산도 앞바다에 다다른 순간, 미리 약속한 신호에 따라 도망치던 배들이 뱃머리를 돌리더니 선두에 선 거북선을 중심으로 양쪽으로 둥그스름하게 늘어서서 왜군을 공격하기 시작했어요. 그 모습이 마치 학이 양쪽 날개를 펼쳐든 것처럼 보였지요. 순식간에 전세는 바뀌고 왜적이 탄 배들은 하나둘 불덩이에 휩쓸려 가라앉았답니다. 한나절의 전투에서 왜군은 총 70여 척의 배 중 10여 척만이 남았고, 9천여 명이 죽었습니다. 조선은 단 한 척의 배도 잃지 않고 대승을 거두었지요.

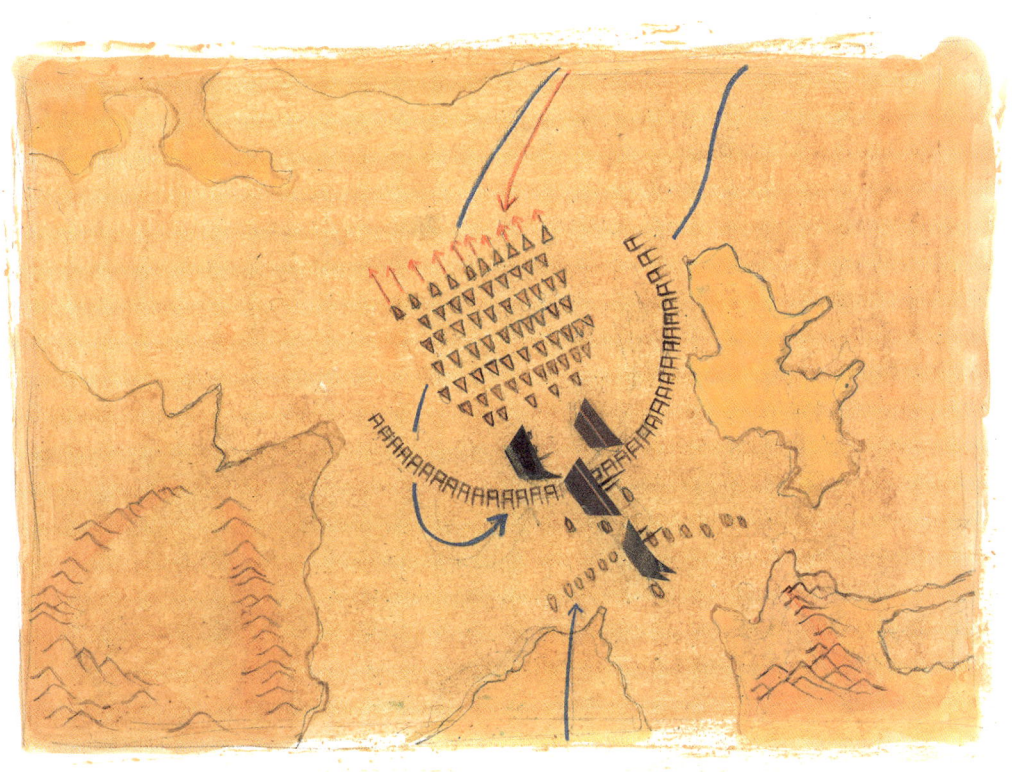

한산도대첩 축제를 열어 이순신 장군을 기리다

당시 일본의 최고 우두머리인 도요토미 히데요시는 조선을 호시탐탐 노리고 있었어요. 결국 중국 명나라를 치러 갈 테니 길을 내어 달라는 핑계로 1592년 조선을 침략했는데 이 전쟁이 임진왜란이랍니다.

아무런 준비도 안 되어 있던 우리나라는 일본의 공격 앞에 힘없이 무너질 뿐이었죠. 한 달도 되지 않아 일본이 조선의 도읍인 한양까지 쳐들어왔으니, 하루하루가 위기의 순간이었답니다. 그러나 한산도대첩의 승리에 힘입어 조선 수군은 남해안에서 벌어진 모든 해전에서 이겼고, 일본은 자기 나라로 돌아갔지요.

이순신 장군이 일본군에 비해 적은 수에도 불구하고
승리를 거둘 수 있었던 이유는 뛰어난 전략 덕분이에요.
이를 기려 경남 통영시에서는 해마다 8월 13일부터
닷새 동안 한산도대첩 축제를 열어요.
한산도대첩의 전투 장면을 재연한 무대극,
당시 대포인 천자 · 지자 · 현자총통과
신기전 발사, 이순신 장군의
행렬인 거리 퍼레이드를
볼 수 있어요.
당시 수군이 되려면
반드시 치러야 하는
활쏘기, 말타기,
창던지기 등도
체험할 수 있어요.

18 천 년 역사의 축제 한마당 '강릉단오제'

단옷날에는 창포물로 머리를 감아

우리나라 4대 명절 중 하나인 단오는 '높은 날', '신의 날'이라고 해서 '수릿날'이라고도 부릅니다.

옛날 강릉에서 서울을 가려면 산세가 험하고 산적이 들끓는 대관령 고개를 꼭 넘어야 했어요. 사람들은 무사히 산을 넘게 해 달라고 대관령의 신에게 빌었는데, 그 풍습이 지금까지 이어져 전해지고 있어요.

음력 5월 5일에 열리는 강릉단오제는 다양한 놀이와 굿이 어우러진 종합 축제입니다. 사람들은 신명나게 놀면서 흥을 돋우면 신들도 즐거워한다고 믿었어요.

단옷날이 오면 여자들은 삶은 창포물에 머리를 감았어요. 그러

> ● 핵심 포인트
> 단오는 수릿날이라고도 부르는데, 이날에 여자들은 삶은 창포물에 머리를 감고 부채를 선물하는 풍습이 있었어요.

면 머릿결이 고와지고 잡귀를 쫓을 수 있다고 믿었기 때문이에요. 궁궐에서는 곧 다가올 여름에 대비해 귀족들에게 부채를 선물했어요. 이웃 마을끼리 다리 밟기 놀이도 하고 수리취라고 하는 나물을 섞어 만든 수리취떡도 나누어 먹었지요.
강릉단오제는 유네스코 세계 무형 유산으로 지정되었답니다.

어떤 이야기가 전해져 내려올까

강릉단오제에는 재미있는 이야기가 전해져요. 신라의 김유신 장군은 칼 솜씨가 매우 뛰어나다고 알려졌는데, 이게 다 대관령 산신의 가르침 덕이라고 해요. 김유신 장군도 죽어서 대관령 산신이 되었는데, 적군이 쳐들어오면 대관령의 소나무를 군사로 변신시켜 적군들이 도망가게 했대요.

범일국사 설화도 전해져요. 옛날 학산 마을에 살던 아리따운 처녀가 굴산사 앞 석천에서 물을 마시고는 사내아이를 낳았답니다. 이를 창피하게 여긴 처녀의 집에서는 사내아이를 몰래 내다 버렸지만, 학이 큰 날개로 아이를 감싸며 보살펴 주었죠. 하늘이 내려 주신 아이임을 깨달은 가족은 그 아이를 고이 길렀고, 이 아이가 자라 나중에 범일국사가 되었답니다. 국사는 왕의 스승을 높여 부르는 이름이에요.

이러한 이야기도 전해져요. 강릉의 부자 정씨의 꿈에 대관령국사 성황신이 나타나 그 집의 딸과 결혼하겠으니 허락해 달라는

게 아니겠어요? 정씨가 이를 거절하자 어디선가 호랑이가 나타나 정씨 처녀를 업어가 버렸지요. 정씨는 부리나케 대관령국사성황신을 모신 절로 달려갔으나 딸은 이미 죽은 채로 대관령성황신 옆에 비석처럼 굳어 있었어요. 정씨는 울면서 딸과의 결혼을 허락하고는 화가에게 딸의 그림을 그리게 하고, 성황신 옆에 세우자 그제야 딸의 몸이 떨어졌답니다.

19 구성지고 흥겨운 판소리

랩도 있고 노래도 있고

텔레비전이 없던 옛날, 백성들은 판소리를 들으며 시름을 달래고 어려움을 극복해 나갈 힘을 얻었답니다. 소리꾼이 노래와 몸짓을 섞어 가며 이야기를 들려주는 판소리는 한 편의 드라마와도 같아요.

판소리의 '판'은 지금도 많이 쓰이는 말이에요. 놀이 한 '판'을 벌인다고 하잖아요. 굿판, 씨름판처럼 판은 일이 일어난 자리란 뜻이에요. 그러니까 판소리는 소리를 벌이는 판이라고 볼 수 있지요.

판소리는 소리꾼만 잘한다고 되는 게 아니에요. 소리꾼과 북을 쳐서 장단을 맞추는 고수, 구경꾼인 청중이 어우러져 공연을 만들어 가요. 입에서 입으로 전해져 내려왔기 때문에 악보도

따로 없어요. 소리꾼이 가락에 맞춰 읊조리거나 노래를 하면 고수나 청중은 '얼쑤', '잘한다' 하며 추임새를 넣어 흥을 돋우며, 울고 웃었지요.

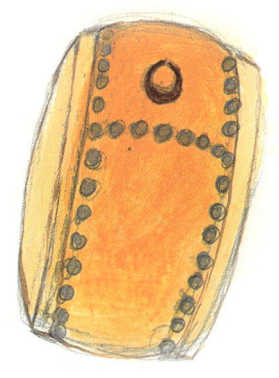

나라에 큰 행사가 있을 때나 마을 잔치엔 꼭 판소리가 벌어졌어요. 명창의 인기는 지금의 아이돌 가수 저리 가라였어요.

판소리 다섯 마당이 전해져

판소리는 춘향가, 심청가, 흥보가, 수궁가, 적벽가 이렇게 다섯 판소리가 전해져요. 그 중에서도 춘향전은 여덟 시간이 걸리는 세계에서 가장 긴 노래라고 할 수 있지요.

원래 열두 마당인 판소리 중 변강쇠 타령, 옹고집 타령, 배비장 타령, 강릉 매화 타령, 장끼 타령, 무숙이 타령, 가짜 신선 타령은 이름만 전해져요.

춘향가는 월매 딸 춘향이와 남원 부사의 아들 이몽룡의 사랑 이야기예요. '사랑 사랑 내 사랑이야~' 하는 사랑가가 유명하지요. 눈먼 아비 심학규의 눈을 뜨게 하려고 공양미 삼백 석에 몸을 팔아 임당수에 빠진 효녀 심청의 이야기가 심청가예요.

착한 동생 흥보와 심술궂은 놀부 형제의 이야기를 다룬 흥보가

● 핵심 포인트
현재 판소리는 춘향가, 심청가, 흥보가, 수궁가, 적벽가 다섯 판소리가 전해져요.

에서는 제비가 주고 간 박을 톱질하는 장면이 유명하지요. 수궁가는 용왕의 병을 고치기 위해 토끼의 간을 찾아 나선 별주부와 죽을 위기에서 지혜로 벗어난 토끼의 이야기에요.

적벽가는 소설 삼국지의 내용이에요. 유비와 장비, 관우와 조조의 대결 중 유명한 적벽대전의 장면을 판소리로 불렀어요.

20 법은 생활과 매우 가까워

우리는 법으로 보호받아

서로 사랑해서 결혼하고 가정을 이룬 우리 부모님은 법이 인정한 사이입니다. 즉 결혼을 하고 혼인신고를 하여 부부가 되었음을 나라에서 인정한 것이죠.

알고 보면 법은 우리 생활과 매우 가까이 있어요. 살면서 필요한 것을 법으로 정하기 때문이지요. 나랏일을 할 대통령이나 국회의원을 뽑는 제도도 법으로 정해져 있고, 세금을 걷는 방법도 법으로 정해져 있습니다. 어린이가 자라 회사에 다니게 되면 최소한의 월급과 주 40시간 근무를 법으로 보호받습니다.

법은 시대에 따라 조금씩 변합니다. 조선 시대의 과거 제도를 오늘날에도 똑같이 적용하지는 않지요. 살아가는 데 필요한 법은 새로 정하고, 문제가 있으면 고치거나 없애기도 합니다. 인터넷 범죄가 늘어나면서 인터넷 사용으로 피해를 입지 않도록 규제하는 법을 만들려는 움직임이 그 예가 되겠지요.

환경 문제가 날로 심각해지면서 깨끗한 환경에서 살 수 있도록 환경법을 새로 만드는 일도 세계적인 현상입니다.

물론 법을 고치는 과정은 매우 까다로워요. 함부로 고쳐 법을 악용하거나 소수의 사람이 권력을 휘두르지 못하도록 만들기 위해서지요.

> ● 핵심 포인트
> 법은 우리 생활과 매우 가까이 있어요. 우리는 살면서 꼭 지켜야 할 것을 법으로 정해요.

21 법, 꼭 지켜야만 해?

법이 없다면

로빈슨 크루소는 항해를 하다 배가 난파당해 무인도에서 생활하게 됩니다. 오로지 살아남기 위해서 스스로 집을 만들고 먹을거리를 마련하지요.

로빈슨 크루소처럼 혼자 산다면 굳이 법이 필요 없을 거예요. 하지만 현실은 다릅니다. 우리 사회는 사람들이 모여 공동체 생활을 합니다. 저마다 살아가는 방식이 다르기 때문에 늘 크고 작은 다툼이나 갈등이 생겨요.

대화나 타협만으로 문제가 해결되지 않을 때를 대비해 미리 모든 사람이 지켜야 할 기준이나 원칙을 정해 둡니다. 사회적으로 꼭 지켜야 할 약속들을요. 바로 법이에요. 그래서 다툼이나 갈등이 생기면 법에 따라 옳고 그름을 판단해 처리해요.

그런데 법이 없어도 살 수 있지 않을까요?

법이 없다면 도로에서 차들이 정해진 교통 법규를 지키지 않을 거예요. 그래서 서로 앞서 가려다가 교통사고가 일어나 다치는 사람들이 많을 거예요. 또 힘이 세다고 남의 돈을 함부로 빼앗거나 물건을 훔쳐도 처벌하지 못하니까, 힘으로 문제를 해결하려고 드는 사람들이 생길 거예요.

법, 규칙, 윤리 그 차이는?

수업 시간에 친구들과 잡담을 하고, 화장실에서 새치기를 했어요. 이러한 일로 나라에서 벌을 줄까요?

사람으로서 마땅히 지켜야 할 도리인 윤리를 어겼다고 해서 나라에서 벌을 주지는 않아요.

농구 경기의 규칙을 안 지키면 선수는 퇴장을 당해요. 집에서 컴퓨터 게임을 너무 많이 하면 부모님은 컴퓨터 게임을 하루 1시간으로 제한하는 규칙을 정해요. 복도에선 뛰지 말자는 학교 규칙도 있지요. 이러한 예들은 사람들끼리 정한 규칙이에요. 이러한 규칙을 지키지 않으면 불이익을 받을 순 있지만 나라에서 벌을 주진 않아요.

하지만 법은 달라요. 돈을 훔치면 절도죄, 사람을 다치게 하면

● **핵심 포인트**
도덕이나 윤리, 규칙을 어겨도 나라에서 처벌하지 않지만 법을 어기면 나라에서 정한 벌금을 내거나 감옥에 가야 해요.

상해죄로 감옥에 들어가거나 벌금을 내야 해요. 횡단보도가 아닌 길을 건너면 무단 횡단 죄로 벌금 2만 원을, 119에 장난 전화를 하면 100만 원 이하의 벌금을 내야 해요.
이처럼 사람들에게 크게 해를 끼치는 나쁜 행동은 법으로 엄하게 처벌한답니다.

법을 안 지키면 벌을 받아

도덕이나 윤리, 규칙을 지키지 않으면 여러 사람이 불편하고, 때로는 비난을 들을 수 있어요. 하지만 법을 지키지 않으면 불편함을 넘어 사람이 다치거나 생명을 잃고, 국가적으로도 큰 손해가 발생할 수 있어요.

그래서 법은 강제성이 있답니다. 사회 질서를 심각하게 어지럽히는 행동, 생명과 신체를 위협하는 행동, 공공의 이익을 해치는 행동에 대해서는 법을 정하고, 법을 지키지 않으면 죄를 물어 벌을 주지요.

나라의 국민이라면 꼭 법을 지켜야 합니다. 법은 경기 규칙이나 약속, 그 어떠한 것보다 힘이 세요. 꼭 지켜야 할 것이라는 의미에서 법을 '최소한의 도덕'이라고 한답니다.

> ● **핵심 포인트**
> 법은 사회의 질서와 안전에 필요한 최소한의 행동을 지키게 하는 '최소한의 도덕'이에요.

법을 잘 지킬수록 사회 질서가
유지되고 사회가 발전할 수 있어요.
법을 어기는 사람이 많으면 당연히
그 사회나 국가도 발전하지
못한답니다.
법은 나쁜 사람을 처벌하기 위한 것이 목적이 아니에요.
사회의 질서를 유지하고 사람들이 행복하게 살 수 있도록
돕기 위해 만든 최소한의 장치라는 점을 명심해요.

22 세계 최초의 법은 언제 만들어졌을까?

요모조모 세계의 법

법이 없었던 옛날에는 어떤 방법으로 나라를 다스렸을까요? 원시 시대에도 살면서 반드시 지켜야 할 것들을 정했어요. 다툼이 생기면 부족의 족장이나 주술사가 재판관이 되어 죄를 지은 사람을 가려내고 벌을 주었어요. 주술사는 신에게 기도하거나 춤을 추고 그림을 그리는 등의 특별한 의식을 통해 다툼의 잘잘못을 가려냈지요. 약 3800년 전에 만들어진 고대 바빌로니아의 함무라비 법은 매우 엄격하기로 유명합니다.

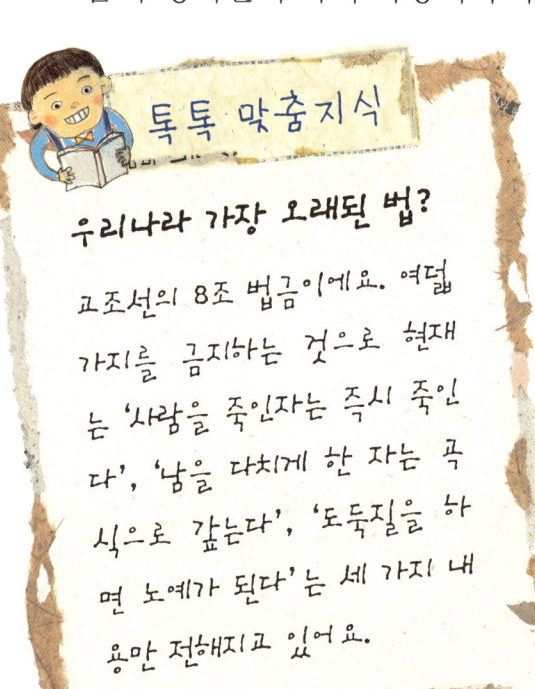

톡톡 맞춤지식

우리나라 가장 오래된 법?

고조선의 8조 법금이에요. 여덟 가지를 금지하는 것으로 현재는 '사람을 죽인자는 즉시 죽인다', '남을 다치게 한 자는 곡식으로 갚는다', '도둑질을 하면 노예가 된다'는 세 가지 내용만 전해지고 있어요.

'눈에는 눈, 이에는 이' 라는 말 들어 봤나요?
받은 대로 갚으라는 내용의 이 법이 대표적인
함무라비 법입니다. 높이가 약 2m나 되는 큰 돌기둥에
새긴 이 법전은 현재 프랑스 루브르 박물관에 보관되어
있습니다. 이보다 300년 앞서 만들어진 우르남무 법전도
있어요. 우르남무 법전은 현존하는 가장 오래된 법전이에요.
점토판 위에 기록한 이 법전의 내용을 살펴보면, 살인을
한 자는 죽임을 당하고, 어린이를 납치하면 감옥에
가두고 벌금을 물게 하는 등의 내용이 적혀 있지요.

23 국민에게는 누려야 할 권리가 있어

누구나 행복할 권리가 있어

우리는 대한민국의 국민이에요. 대한민국의 국민은 국가의 주인으로서 마땅히 누려야 할 권리가 있고, 지켜야 할 책임과 의무도 있답니다.

그래서 사람이 사람답게 살기 위한 기본적인 권리와 의무를 법으로 정해 두었지요. 그 중에서도 으뜸가는 것이 행복 추구권입니다. 국민의 권리와 의무를 나타낸 헌법 10조를 보면 '모든 국민은 인간으로서 존엄하고 가치가 있으며 행복을 추구할 권리가 있다'고 나와요. 쉽게 풀이하자면, 사람은 소중한 존재이므로 가난한 사람이건, 장애가 있는 사람이건 관계 없이 누구나 행복할 권리가 있다는 뜻입니다.

● **핵심 포인트**
국민은 나라의 주인으로서 권리와 의무가 있으며, 누구나 행복할 권리가 있어요.

옛날 현명한 왕들은 나라를 다스릴 때 '민심은 천심'이라고 해서 국민을 행복하게 하는 길이 곧 하늘의 뜻이라고 여기고 백성의 뜻을 거스르지 않기 위해 애썼지요.

태어날 때부터 가지고 있는 인간의 권리 '천부인권', 단군 할아버지가 말씀하신, 널리 인간을 복되게 하라는 '홍익인간'의 말에서도 국민의 행복할 권리가 잘 나타나요.

어떠한 권리들이 있을까?

사람이 행복해지기 위해서 누려야 할 기본 권리는 무엇일까요? 법 앞에서는 아무도 차별 받지 않아야 해요. 성별, 신분, 종교, 지역이 달라도 누구나 평등함을 강조하는 이 권리가 평등권입니다. 조선 시대에는 양반이 노비들에게 허드렛일을 시키고 마음대로 사고팔았어요. 오늘날 이와 같은 일이 생기면 법의 처벌을 받게 될 거예요.

어느 누구의 간섭을 받지 않고 자유롭게 행동할 수 있는 자유권도 있습니다.

여행 가요~

하지만 국가안전보장, 질서유지, 공공복리를 위해서 헌법이나 법률에 의해 기본권을 제한받을 수 있어요.

정치에 참여할 수 있는 권리도 있어요. 이 권리를 참정권이라고 합니다. 참정권 덕분에 우리는 대통령, 국회의원 등의 선거에 참여해 원하는 대표를 뽑을 수 있어요.

사회권도 나의 소중한 권리예요. 사회권은 국민이 인간다운 생활을 위하여 국가에 요구할 수 있는 권리지요.

마지막으로 나의 권리가 침해를 받으면 재판을 하거나 이러한 것을 해 달라고 요구할 수 있는 청구권이 있습니다.

24 국민에게는 지켜야 할 의무가 있어

나는 대한민국의 국민!

대한민국의 국민이라면 나라의 안전과 발전을 위해 지켜야 할 의무가 있어요.

성인이 된 남자에게는 군대에 들어가서 나라를 지키는 국방의 의무가 있습니다.

세금을 내는 일도 국민의 의무입니다. 이것을 납세의 의무라고 해요. 국민이 낸 세금으로 나라에서는 공공시설을 짓고 공무원을 뽑아 나라 살림을 하지요.

근로의 의무도 있어요. 성인이라면 일을 해야 할 의무가 있다는 뜻이지요. 일을 하고 소득을 얻어야 나라 경제도 살아나고 풍족하게 살 수 있으니까요.

핵심 포인트

국민에게는 국방의 의무, 납세의 의무, 근로의 의무, 교육의 의무가 있으며 이를 가리켜 '국민의 4대 의무'라고 해요.

우리나라에서는 초등학교 6년 과정과 중학교 3년 과정을 의무 교육으로 정해 놓고 있어요. 이것을 교육의 의무라고 해요. 지금 어린이들이 초등학교를 다니는 일도 국민의 한 사람으로서 의무를 지키는 것이라고 볼 수 있지요.

권리와 의무는 따로 떼어 생각할 수 없어

우리가 지켜야 할 의무에는 몇 가지가 더 있어요.

환경 보전의 의무는 누구나 깨끗한 환경에서 살 수 있도록 환경을 보호해야 할 의무입니다. 국민은 쓰레기 분리수거를, 기업에서는 환경오염 방지 시설을 설치할 의무가 있지요.

재산권 행사의 공공복리 의무는 자기 재산이라고 할지라도 다른 사람의 행복이나 이익을 침해하는 데 쓸 수 없다는 것을 법으로 정해 놓은 의무입니다.

국민의 권리와 의무는 따로 떼어 생각할 수 없어요. 권리에는 의무가 따르고, 의무에는 권리가 요구되지요.

국민이 권리만을 요구한다면 어떻게 될까요?

> ● **핵심 포인트**
> 국민의 권리에는 의무가 따르고, 의무에는 권리가 요구되며 둘 중 어느 한쪽을 제한하면 사회적·경제적 문제가 발생해요.

자유권만 강조하고 환경 보전의 의무를 지키지 않는다고 생각해 보세요. 국민이 환경 보전의 의무를 지키지 않으면 환경오염 문제가 심각해지고 경제도 발전하기 힘들 거예요.
반대로 나라에서 의무만을 요구한다면 어떻게 될까요?
납세의 의무만을 강요하고 평등권을 빼앗는다고 생각해 보세요. 가정의 살림살이가 어려워지고 차별이 심해져 국민의 불만도 늘어날 거예요.

25 민주주의가 뭐야?

여럿이 함께해

민주주의라는 말은 어렵지만, 미국의 링컨 대통령은 다음과 같이 쉽게 풀어서 말했지요.

"국민의, 국민에 의한, 국민을 위한 정부."

민주주의의 '민주'는 한자로 백성 '민(民)', 주인 '주(主)' 자를 써요. 즉, 국민을 나라의 주인으로 여기고, 나라의 모든 힘은 국민에게서 나온다고 생각하는 제도지요.

과거 히틀러나 네로 황제는 국민의 뜻을 무시하고 나라를 자기 뜻대로 다스리는 독재정치를 했어요.

반면 민주주의 국가에서는 중요한 나랏일을 결정할 때 국민 모두가 참여하기도 하고, 국민의 대표를 뽑아 그 사람들이 결정

> **● 핵심 포인트**
> 민주주의는 국민을 나라의 주인으로 여기는 제도로, 우리나라는 간접 민주주의 형태로 대의 민주주의 원리를 따르고 있어요.

하기도 해요. 앞의 방법을 '직접 민주주의'라 하고 뒤의 방법을 '간접 민주주의'라고 하지요. 우리나라는 주민들이 각 지역의 대표를 뽑는 간접 민주주의 형태로 대의 민주주의 원리를 따르고 있어요.

국민이 권력을 가지고 그 권력을 스스로 행사하는 제도인 민주주의는 국민의 참여로 이루어집니다.

흥미진진 사회문화

26 어우러져 살아갈 다문화 가정

피부색이 달라도 하나야

교통·통신이 발달하면서 세계가 무척 가까워졌습니다. 과거에는 태어난 나라에서 평생을 살아가는 사람들이 대다수였지만, 지금은 자기 나라를 떠나 이민을 가거나 오랜 기간 여러 나라를 여행하며 자유롭게 사는 사람들이 늘었지요.

나라가 만들어진 배경을 살펴보면, 여러 민족이 섞여 한 나라를 이루는 경우도 있어요. 미국이 그 대표적인 나라예요.

우리 민족은 단군의 후손들이 만든 단일 민족임을 강조해요. 하지만 시간이 지나면서 세계 곳곳에 자리 잡고 살거나 반대로 새로운 기회를 찾아 우리나라에 오는 사람들도 늘어나고 있어요. 1970년대만 해도 더 나은 삶을 살기 위해 중동 국가로 떠나는 사람, 간호사가 되어 독일로 떠난 많은 사람들이 40여 년이 지난 지금, 그 나라에 자리를 잡고 살고 있지요.

이와 같이 나라간의 울타리가 허물어지면서 다른 민족끼리 다문화 가정을 이루는 일을 이제 어렵지 않게 볼 수 있어요. 우리나라도 국제결혼이 증가하고 외국인 근로자가 많아지면서 다양한 인종과 국가 출신의 다문화 가정이 점점 늘어나고 있어요.

핵심 포인트
더 나은 삶을 위해 이민을 가거나 이민을 오는 사람들이 늘어나면서 다른 국적을 가진 사람들이 가정을 꾸리는 다문화 가정이 많아지고 있어요.

다문화 가정 자연스럽게 받아들이자

현재 우리나라에는 십만 명이 넘는 외국인이 살고 있다고 합니다. 외국인이 많아지면서 우리나라에서 결혼하는 사람 중 열 명 가운데 한 명꼴로 외국인과 결혼한다고 해요.

최근 몇 년 사이에 베트남이나 필리핀 등의 동남아시아에서 건너와 가정을 이룬 여성들이 빠르게 늘고 있어요.

다문화 가정이란 다양한 문화를 가진 가정이란 뜻이에요. 다문화 가정에서 자란 친구들은 한국에서 나고 자란 한국인이에요. 그러므로 피부색이 다르고, 생김새가 좀 다르다고 해서 차별하지 말고 함께 살아가야 해요.

다문화 가정에서는 나라가 다른 두 사람이 만나 가정을 이루면서 문화가 다르고 언어가 달라 어려움이 많다고 해요.

핵심 포인트
다문화 가정이란 나라가 다른 두 사람이 만나서 이룬 다양한 문화를 가진 가정이에요.

정부에서는 이들을 위해 한글을 가르쳐 주고, 다른 나라의 음식과 문화를 배울 수 있는 축제를 열어 다문화 가정 구성원들이 자연스럽게 두 문화를 배울 수 있도록 지원하고 있답니다.

27 햄버거를 먹으면 환경이 파괴된다고?

햄버거가 밀림을 파괴한대

아마존의 열대 우림은 지구의 허파라고 불립니다. 열대 우림은 호흡을 하는 기관인 허파처럼 지구가 오염되지 않도록 산소를 공급해 공기를 깨끗하게 만들지요.

이러한 아마존의 열대 우림이 햄버거 탓에 해마다 여의도 면적만큼 파괴된다는 사실을 알고 있나요?

햄버거 사이에 들어가는 고기는 대개 남아메리카에서 수입해 들여온 거랍니다. 남아메리카에서는 열대 우림의 나무를 베고 그 자리에 목장을 만들어 소를 길러 고기를 얻지요. 우리가 햄버거 한 개를 먹으면 약 5제곱미터의 숲도 사라지는 셈이에요. 또한 햄버거에 들어가는 고기 1킬로그램을 얻으려면 곡물 8킬로그램과 2만 리터의 물이 필요하답니다.

● **핵심 포인트**
햄버거 고기를 얻기 위해 사람들이 열대 우림을 파괴하면서 환경 문제가 심각해졌어요.

그 양이 어마어마하죠? 소가 먹는 곡물만 해도 세계에서 생산되는 곡식의 3분의 1가량이라고 해요. 그만한 양이면 아프리카의 굶어 죽는 어린이를 살리고도 남는 양이라니, 놀랍죠?

햄버거를 덜 먹으면 환경을 살릴 수 있어

햄버거 가게에서는 대부분 일회용 포장지를 사용해요. 500년이 지나도 잘 썩지 않는 포장지는 환경을 오염시켜요.

햄버거는 공기 오염과도 매우 관계가 깊어요.

햄버거와 공기 오염이라니, 얼핏 이해가 되지 않죠?

소 한 마리의 트림이나 방귀를 통해 나오는 독가스의 양은 한 해 평균 40~50킬로그램에 달해요. 쇠고기 1킬로그램을 얻기 위해서는 무려 16킬로그램이 넘는 이산화탄소를 공기 중으로 내보내야 한답니다. 이 양은 승용차로 250킬로미터를 달리는 것과 같고, 100와트짜리 전구를 20일 동안 켜 놓는 것과 맞먹어요. 자동차를 덜 타기보다 고기를 덜 먹는 것이 환경에 더 도움이 될 수 있어요.

핵심 포인트
햄버거는 일회용 쓰레기 문제, 공기 오염, 비만 등 여러 가지 사회 문제를 가져와요.

햄버거와 같은 패스트푸드를 자주 먹으면 몸에 필요한 영양소를 골고루 섭취하지 못하고, 비만이 되기 쉽다는 건 잘 알려진 사실이에요. 오늘부터 햄버거를 딱 끊고 살기는 곤란할 거예요. 그렇다면 햄버거를 먹는 횟수부터 줄여 보는 건 어떨까요?

28 갯벌은 바다의 보물 창고

갯벌에는 뭐가 살까?

서해안에 가면 긴 해안선을 따라 바다가 시원스럽게 펼쳐져요. 바닷물이 빠지면 거무스레한 진흙 뻘이 드러나는데, 이것이 갯벌이랍니다.

우리나라의 갯벌 넓이는 서울 크기의 열 배쯤 돼요. 우리나라의 서해안 갯벌은 캐나다 동부 해안과 미국 동부 조지아 해안, 아마존 강 하구와 함께 세계 5대 갯벌로 꼽혀요.

갯벌에는 바지락, 게 등 온갖 생물들이 삽니다.

갯벌을 잘 보면 뽀글뽀글 거품이 올라오는데, 바로 게와 조개, 지렁이가 땅 속에서 숨을 쉬는 것이에요. 바위 주변에는 굴과 따개비들이 다닥다닥 붙어 있어요.

> ● **핵심 포인트**
> 세계적으로 인정받는 우리나라의 서해안 갯벌에는 게와 조개, 지렁이, 따개비, 갯지렁이, 고둥, 짱둥어와 같은 다양한 생물들이 살고 있어요.

갯벌에는 깨끗한 땅에서만 산다는 갯지렁이도 풍부해 철새들의 서식지가 되기도 하지요. 갯벌의 청소부라 불리는 고둥은 조개나 죽은 동물을 먹고 살아요. 그밖에 짱둥어, 개서대, 박대 등 여러 물고기들이 오순도순 모여 산답니다.

갯벌은 수천 년간 바닷물이 들어왔다 나갔다를 반복하면서 만들어졌답니다. 갯벌이 탄생하는 데 8000년이 넘게 걸린다고 하니, 대단하죠?

갯벌, 보존해? 개발해?

갯벌은 우리에게 풍부한 먹을거리를 주고, 오염 물질을 깨끗하게 걸러 줘요. 또 대기 온도와 습도에도 영향을 미치는 등 기후 조절의 기능도 있어요. 그리고 갯벌은 철따라 이동하는 새들이 잠시 쉬어 갈 수 있는 곳이기도 해요.

하지만 갯벌은 쓸모없는 땅으로 여겨져 1980년대 후반부터 간척·매립 사업의 대상이 되었어요. 한편 하천과 해수의 정화, 홍수 조절, 생태적 가치 등이 밝혀지면서 갯벌 보전 운동을 하는 사람들도 있어요.

우리나라에서는 서해안에 있는 새만금 갯벌을 메우려다가 주민들과 환경 운동가들의 반대로 공사를 중단한 적도 있어요.

이처럼 갯벌 개발에 대한 사람들의 의견은 팽팽히 맞서요. 한쪽에서는 갯벌이 없어지면 희귀한 생물이 떼죽음을 당하고 생태계가 파괴된다고 반대해요. 다른 쪽에서는 농사를 지을 수 있는 땅이 늘어나서 우리나라의 식량 부족 문제를 해결할 수 있다며 간척 사업을 찬성하지요.

그렇다면 갯벌은 개발해야 할까요, 아니면 보호해야 할까요? 깨끗하고 건강한 환경을 지키는 것은 우리 모두의 의무입니다. 눈앞의 이익만 생각하지 말고 미래를 위해 어느 쪽이 현명한 방법일지를 잘 생각해야 해요.

톡톡 맞춤지식

시화호의 교훈

1987년 경기도의 시화 갯벌을 막아 땅으로 만드는 공사가 시작됐어요. 그러자 주변의 나무들이 말라 죽으며 사막처럼 변하고 시화호는 물고기가 살 수 없는 죽은 호수가 되었답니다.

29 우리나라가 물 부족 국가라고?

물이 점점 부족해지고 있어

지구에 있는 물의 양은 엄청나지만 97퍼센트 이상이 짠 바닷물이기 때문에 대부분 사용할 수 없답니다.

우리가 쓸 수 있는 물도 빠른 속도로 오염되고 있어요.

농약, 가축의 똥오줌, 강 주변의 쓰레기, 석유, 생활 하수가 물을 오염시키는 것들이지요. 빨래와 설거지로 생기는 생활 하수는 전체 물 오염의 약 80퍼센트에 가까울만큼 심각해요.

물을 오염 시키는 것들

 농약

논과 밭에 뿌린 농약이 분해되지 않고 시냇물과 강물로 흘러 들어가 물 속에 사는 생물을 마구 죽여요.

 **가축의 똥오줌**

농촌에서 거름대신 화학 비료를 쓰면서 농가에서 기르는 가축의 똥오줌이 강으로 버려져 물이 썩어요.

 **강 주변의 쓰레기**

강가에 버린 쓰레기가 물에 젖으면 미생물에 의해 분해되면서 냄새가 고약한 독가스가 함께 나와요.

 **석유**

주유소나 세차장에서 흘러나온 석유가 물과 만나면 물 위에 기름띠를 만들어 햇빛을 차단해요.

 **생활 하수**

빨래와 설거지에 사용한 합성 세제는 잘 분해되지 않고 거품을 만들어 산소가 들어가지 못하게 차단해요.

물 부족 문제, 어떻게 해결할까?

지구에 있는 물의 97퍼센트는 바닷물이에요. 바닷물을 제외하고 나머지 3퍼센트 정도의 물도 거의 빙하와 지하수로 이루어져 쓸 수 없어요.

우리가 이용하고 있는 하천이나 호수의 물은 전체의 0.01퍼센트밖에 되지 않아요. 머지 않아 물을 차지하기 위해 나라끼리 서로 물 전쟁을 벌일 지도 모른다고 전문가들은 경고해요.

지금도 세계적으로 5억 명이 물 부족으로 고통을 받고 있어요. 해마다 세계적으로 500만 명이 물 부족으로 목숨을 잃고 있다고 해요. 40년 뒤인 2050년에는 세계 인구의 13~25퍼센트가 먹을 물이 부족해 고통을 겪게 될 거라는 조사도 있었어요.

우리나라는 유엔이 정한 물 부족 국가라고 알려졌어요. 우리나라 국토의 70퍼센트가 산지이고 강수량의 대부분이 여름철에 집

중적으로 내려 많은 양의 물이 바다로 흘러간다고 해요. 우리의 소중한 자원인 물을 아껴쓰도록 노력해야겠죠!

물 절약, 우리가 먼저 실천해요

- ♥물을 함부로 낭비하지 않아요.
- ♥목욕보다는 간단하게 샤워를 해요.
- ♥세수와 양치질을 할 때는 수도꼭지를 잠궈요.
- ♥쓰고 난 허드렛물을 잘 이용해 다시 써요.
- ♥빨랫감은 한꺼번에 모아서 세탁해요.
- ♥지정된 세차장에서 차를 닦아요.
- ♥수세식 변기에 벽돌이나 물을 담은 페트병을 넣어 물을 절약해요.
- ♥오염된 물을 버리는 사람을 보면 가까운 구청이나 시청에 신고해요.(국번 없이 128)

30 사람들은 왜 종교를 믿을까?

종교는 생활과 문화에 영향을 미쳐

사람들은 오래 전부터 종교를 믿었어요. 원시 시대에 자연은 고맙고도 두려운 존재였답니다.

비바람이 거세게 내리거나 번개가 치면 사람들은 하늘이 노했다고 생각하고는 하늘에, 바위에, 산에, 바다에 빌었어요. 다치지 않게 해달라고, 우리 마을을 안전하게 지켜달라고 말이에요. 또 사람들은 호랑이나 곰 같이 힘이 센 동물들을 섬기기도 했어요. 이러한 믿음이 자연스레 종교로 탄생하게 되었고, 종교는 사람들이 어려운 때에 큰 힘이 되어 주었어요.

나라마다 믿는 종교도 다르고, 종교에 따라서 문화도 다르답니다. 종교를 제대로 이해하지 못하면 외국을 여행하다가 난처한 일을 겪거나 오해를 받을 수 있어요. 그러므로 그 나라의 문화와 종교를 어느 정도 배우고 이해하는 것이 세계를 알아가는 기본 자세예요.

힌두교도들은 왜 쇠고기를 안먹지?

불교, 크리스트교, 천주교, 유교, 유대교, 이슬람교, 힌두교와 같이 세계 곳곳에 퍼진 종교들은 결혼, 장례, 옷, 음식과 같은 사람들의 생활에 큰 영향을 끼칩니다.

예를 들어 힌두교를 믿는 나라에선 소가 왕 대접을 받습니다. 소가 도로에 멈추어 서면 차들은 소가 지나갈 때까지 꼼짝 않고 기다려요. 그 나라 사람들은 소고기도 절대 안 먹어요. 소의 몸에 신이 살고 있다고 믿기 때문이에요.

각 나라에서는 어떤 종교를 믿을까요?

하나의 종교를 국교로 정한 나라가 있는가 하면, 여러 종교를 한꺼번에 받아들이는 나라도 있습니다. 인도는 기독교와 이슬람교, 힌두교 등 이십여 개의 종교를 믿지요.

세계에서 가장 많은 사람들이 믿는 종교는 기독교입니다. 세계 인구의 3분의 1이 기독교인이라고 해요. 예수 탄생일인 크리스마스는 종교를 뛰어넘은 세계적인 축제이죠.

불교는 인도·스리랑카로 전파되었고, 다시 동남아시아 등으로 널리 퍼져 있습니다. 우리나라에서도 주변 국가들의 침략을 받았을 때 백성들이 마음을 모으고 대항할 수 있게 해주었죠.

이슬람교는 중동 지역과 아프리카, 동남아시아, 인도 등에 퍼져 있습니다. 이슬람교를 믿는 지역의 여성들은 온갖 폭력과 나쁜 일에서 보호받는다는 의미로 히잡이라고 부르는 천으로 얼굴을 가립니다. 술과 돼지고기도 절대 입에 대지 않아요.

이처럼 나라마다 인종마다 모두 다른 종교를 믿지만 사랑과 믿음, 자비와 용서를 구하는 그 가르침은 어느 종교나 같아요.